DIESES VOGELBEOBACHTUNGSBUCH GEHÖRT:

MEINE VOGELBEOBACHTUNGEN

VOGEL	SEITE
	4
	6
	8
	10
	12
	14
	16
	18
	20
	22
	24
	26
	28
	30
	32
	34
	36
	38
	40
	42

MEINE VOGELBEOBACHTUNGEN

DIESEN VOGEL HABE ICH HEUTE GESEHEN:

NAME:

FAMILIE:

○ MÄNNCHEN   ○ WEIBCHEN   ○ UNBEKANNT

DATUM: .... **UHRZEIT:** ....

ORT: ....

JAHRESZEIT: 🌸 ☀ 🍂 ❄   **WETTER:** ☀ ☁ 🌧 🌨

ANZAHL: ① ② ③ ④ ⑤ ⑥ ⑦ ⑧ ⑨ ⑩⁺

GESANG: ....

AKTIVITÄT:

BESCHREIBUNG:

MALE EIN BILD VOM VOGEL:

DIESEN VOGEL HABE ICH HEUTE GESEHEN:

NAME:

FAMILIE:

○ MÄNNCHEN   ○ WEIBCHEN   ○ UNBEKANNT

DATUM: UHRZEIT:

ORT:

JAHRESZEIT: WETTER:

ANZAHL: ① ② ③ ④ ⑤ ⑥ ⑦ ⑧ ⑨ ⑩+

GESANG:

AKTIVITÄT:

BESCHREIBUNG:

MALE EIN BILD VOM VOGEL:

DIESEN VOGEL HABE ICH HEUTE GESEHEN:

NAME:

FAMILIE:

○ MÄNNCHEN   ○ WEIBCHEN   ○ UNBEKANNT

DATUM: ....   **UHRZEIT:** ....

ORT: ....

JAHRESZEIT: 🌸 ☀️ 🍂 ❄️   **WETTER:** ☀️ ☁️ 🌧️ 🌨️

ANZAHL: ① ② ③ ④ ⑤ ⑥ ⑦ ⑧ ⑨ ⑩⁺

GESANG: ....

AKTIVITÄT:

BESCHREIBUNG:

MALE EIN BILD VOM VOGEL:

DIESEN VOGEL HABE ICH HEUTE GESEHEN:

NAME:

FAMILIE:

○ MÄNNCHEN   ○ WEIBCHEN   ○ UNBEKANNT

DATUM: ....   **UHRZEIT:** ....

ORT: ....

JAHRESZEIT: **WETTER:**

ANZAHL: ① ② ③ ④ ⑤ ⑥ ⑦ ⑧ ⑨ ⑩+

GESANG: ....

AKTIVITÄT:

BESCHREIBUNG:

MALE EIN BILD VOM VOGEL:

DIESEN VOGEL HABE ICH HEUTE GESEHEN:

NAME:

FAMILIE:

○ MÄNNCHEN   ○ WEIBCHEN   ○ UNBEKANNT

DATUM: .... UHRZEIT: ....

ORT: ....

JAHRESZEIT: WETTER:

ANZAHL: ① ② ③ ④ ⑤ ⑥ ⑦ ⑧ ⑨ ⑩⁺

GESANG: ....

AKTIVITÄT:

MALE EIN BILD VOM VOGEL:

DIESEN VOGEL HABE ICH HEUTE GESEHEN:

NAME:

FAMILIE:

◯ MÄNNCHEN   ◯ WEIBCHEN   ◯ UNBEKANNT

DATUM: **UHRZEIT:**

ORT:

JAHRESZEIT: **WETTER:**

ANZAHL: ① ② ③ ④ ⑤ ⑥ ⑦ ⑧ ⑨ ⑩+

GESANG:

AKTIVITÄT:

BESCHREIBUNG:

MALE EIN BILD VOM VOGEL:

DIESEN VOGEL HABE ICH HEUTE GESEHEN:

NAME:

FAMILIE:

○ MÄNNCHEN   ○ WEIBCHEN   ○ UNBEKANNT

DATUM: **UHRZEIT:**

ORT:

JAHRESZEIT: 🌸 ☀ 🍂 ❄   **WETTER:** ☀ ☁ 🌧 🌨

ANZAHL: ① ② ③ ④ ⑤ ⑥ ⑦ ⑧ ⑨ ⑩⁺

GESANG:

AKTIVITÄT:

BESCHREIBUNG:

MALE EIN BILD VOM VOGEL:

DIESEN VOGEL HABE ICH HEUTE GESEHEN:

NAME:

FAMILIE:

○ MÄNNCHEN   ○ WEIBCHEN   ○ UNBEKANNT

DATUM: UHRZEIT:

ORT:

JAHRESZEIT: WETTER:

ANZAHL: ① ② ③ ④ ⑤ ⑥ ⑦ ⑧ ⑨ ⑩+

GESANG:

AKTIVITÄT:

BESCHREIBUNG:

MALE EIN BILD VOM VOGEL:

DIESEN VOGEL HABE ICH HEUTE GESEHEN:

NAME:

FAMILIE:

○ MÄNNCHEN   ○ WEIBCHEN   ○ UNBEKANNT

DATUM: **UHRZEIT:**

ORT:

JAHRESZEIT: **WETTER:**

ANZAHL: ① ② ③ ④ ⑤ ⑥ ⑦ ⑧ ⑨ ⑩+

GESANG:

AKTIVITÄT:

MALE EIN BILD VOM VOGEL:

DIESEN VOGEL HABE ICH HEUTE GESEHEN:

NAME:

FAMILIE:

○ MÄNNCHEN   ○ WEIBCHEN   ○ UNBEKANNT

DATUM: **UHRZEIT:**

ORT:

JAHRESZEIT: **WETTER:**

ANZAHL: ① ② ③ ④ ⑤ ⑥ ⑦ ⑧ ⑨ ⑩+

GESANG:

AKTIVITÄT:

BESCHREIBUNG:

MALE EIN BILD VOM VOGEL:

DIESEN VOGEL HABE ICH HEUTE GESEHEN:

NAME:

FAMILIE:

○ MÄNNCHEN   ○ WEIBCHEN   ○ UNBEKANNT

DATUM: **UHRZEIT:**

ORT:

JAHRESZEIT: **WETTER:**

ANZAHL: ① ② ③ ④ ⑤ ⑥ ⑦ ⑧ ⑨ ⑩⁺

GESANG:

AKTIVITÄT:

BESCHREIBUNG:

MALE EiN BiLD VOM VOGEL:

DIESEN VOGEL HABE ICH HEUTE GESEHEN:

NAME:

FAMILIE:

○ MÄNNCHEN ○ WEIBCHEN ○ UNBEKANNT

DATUM: **UHRZEIT:**

ORT:

JAHRESZEIT: **WETTER:**

ANZAHL: ① ② ③ ④ ⑤ ⑥ ⑦ ⑧ ⑨ ⑩+

GESANG:

AKTIVITÄT:

BESCHREIBUNG:

MALE EIN BILD VOM VOGEL:

DIESEN VOGEL HABE ICH HEUTE GESEHEN:

NAME:

FAMILIE:

◯ MÄNNCHEN   ◯ WEIBCHEN   ◯ UNBEKANNT

DATUM: **UHRZEIT:**

ORT:

JAHRESZEIT: **WETTER:**

ANZAHL: ① ② ③ ④ ⑤ ⑥ ⑦ ⑧ ⑨ (10+)

GESANG:

AKTIVITÄT:

BESCHREIBUNG:

MALE EIN BILD VOM VOGEL:

DIESEN VOGEL HABE ICH HEUTE GESEHEN:

NAME:

FAMILIE:

○ MÄNNCHEN   ○ WEIBCHEN   ○ UNBEKANNT

DATUM: UHRZEIT:

ORT:

JAHRESZEIT: WETTER:

ANZAHL: ① ② ③ ④ ⑤ ⑥ ⑦ ⑧ ⑨ ⑩+

GESANG:

AKTIVITÄT:

BESCHREIBUNG:

MALE EIN BILD VOM VOGEL:

DIESEN VOGEL HABE ICH HEUTE GESEHEN:

NAME:

FAMILIE:

○ MÄNNCHEN   ○ WEIBCHEN   ○ UNBEKANNT

DATUM: UHRZEIT:

ORT:

JAHRESZEIT: WETTER:

ANZAHL: ① ② ③ ④ ⑤ ⑥ ⑦ ⑧ ⑨ ⑩⁺

GESANG:

AKTIVITÄT:

BESCHREIBUNG:

MALE EIN BILD VOM VOGEL:

DIESEN VOGEL HABE ICH HEUTE GESEHEN:

NAME:

FAMILIE:

○ MÄNNCHEN   ○ WEIBCHEN   ○ UNBEKANNT

DATUM: **UHRZEIT:**

ORT:

JAHRESZEIT: **WETTER:**

ANZAHL: ① ② ③ ④ ⑤ ⑥ ⑦ ⑧ ⑨ ⑩⁺

GESANG:

AKTIVITÄT:

BESCHREIBUNG:

MALE EIN BILD VOM VOGEL:

DIESEN VOGEL HABE ICH HEUTE GESEHEN:

NAME:

FAMILIE:

○ MÄNNCHEN   ○ WEIBCHEN   ○ UNBEKANNT

DATUM: **UHRZEIT:**

ORT:

JAHRESZEIT: **WETTER:**

ANZAHL: ① ② ③ ④ ⑤ ⑥ ⑦ ⑧ ⑨ ⑩+

GESANG:

AKTIVITÄT:

BESCHREIBUNG:

MALE EIN BILD VOM VOGEL:

DIESEN VOGEL HABE ICH HEUTE GESEHEN:

NAME:

FAMILIE:

○ MÄNNCHEN   ○ WEIBCHEN   ○ UNBEKANNT

DATUM: **UHRZEIT:**

ORT:

JAHRESZEIT: **WETTER:**

ANZAHL: ① ② ③ ④ ⑤ ⑥ ⑦ ⑧ ⑨ ⑩⁺

GESANG:

AKTIVITÄT:

BESCHREIBUNG:

MALE EIN BILD VOM VOGEL:

DIESEN VOGEL HABE ICH HEUTE GESEHEN:

NAME:

FAMILIE:

○ MÄNNCHEN   ○ WEIBCHEN   ○ UNBEKANNT

DATUM: ....   **UHRZEIT:** ....

ORT: ....

JAHRESZEIT: **WETTER:**

ANZAHL: ① ② ③ ④ ⑤ ⑥ ⑦ ⑧ ⑨ ⑩⁺

GESANG: ....

AKTIVITÄT:

BESCHREiBUNG:

MALE EiN BiLD VOM VOGEL:

NAME:

FAMiLiE:

○ MÄNNCHEN   ○ WEiBCHEN   ○ UNBEKANNT

DATUM: UHRZEIT:

ORT:

JAHRESZEIT: WETTER:

ANZAHL: ① ② ③ ④ ⑤ ⑥ ⑦ ⑧ ⑨ ⑩+

GESANG:

AKTiViTÄT:

BESCHREIBUNG:

MALE EIN BILD VOM VOGEL:

DIESEN VOGEL HABE ICH HEUTE GESEHEN:

NAME:

FAMILIE:

◯ MÄNNCHEN   ◯ WEIBCHEN   ◯ UNBEKANNT

DATUM: **UHRZEIT:**

ORT:

JAHRESZEIT: **WETTER:**

ANZAHL: ① ② ③ ④ ⑤ ⑥ ⑦ ⑧ ⑨ ⑩+

GESANG:

AKTIVITÄT:

MALE EIN BILD VOM VOGEL:

DIESEN VOGEL HABE ICH HEUTE GESEHEN:

NAME:

FAMILIE:

○ MÄNNCHEN   ○ WEIBCHEN   ○ UNBEKANNT

DATUM: UHRZEIT:

ORT:

JAHRESZEIT: **WETTER:**

ANZAHL: ① ② ③ ④ ⑤ ⑥ ⑦ ⑧ ⑨ ⑩+

GESANG:

AKTIVITÄT:

BESCHREIBUNG:

MALE EIN BILD VOM VOGEL:

DIESEN VOGEL HABE ICH HEUTE GESEHEN:

NAME:

FAMILIE:

○ MÄNNCHEN   ○ WEIBCHEN   ○ UNBEKANNT

DATUM: UHRZEIT:

ORT:

JAHRESZEIT: WETTER:

ANZAHL: ① ② ③ ④ ⑤ ⑥ ⑦ ⑧ ⑨ ⑩⁺

GESANG:

AKTIVITÄT:

BESCHREIBUNG:

MALE EIN BILD VOM VOGEL:

DIESEN VOGEL HABE ICH HEUTE GESEHEN:

NAME:

FAMILIE:

○ MÄNNCHEN   ○ WEIBCHEN   ○ UNBEKANNT

DATUM: UHRZEIT:

ORT:

JAHRESZEIT: WETTER:

ANZAHL: ① ② ③ ④ ⑤ ⑥ ⑦ ⑧ ⑨ ⑩+

GESANG:

AKTIVITÄT:

BESCHREIBUNG:

MALE EIN BILD VOM VOGEL:

DIESEN VOGEL HABE ICH HEUTE GESEHEN:

NAME:

FAMILIE:

○ MÄNNCHEN   ○ WEIBCHEN   ○ UNBEKANNT

DATUM: **UHRZEIT:**

ORT:

JAHRESZEIT: **WETTER:**

ANZAHL: ① ② ③ ④ ⑤ ⑥ ⑦ ⑧ ⑨ (10+)

GESANG:

AKTIVITÄT:

BESCHREIBUNG:

MALE EIN BILD VOM VOGEL:

DIESEN VOGEL HABE ICH HEUTE GESEHEN:

NAME:

FAMILIE:

○ MÄNNCHEN ○ WEIBCHEN ○ UNBEKANNT

DATUM: **UHRZEIT:**

ORT:

JAHRESZEIT: **WETTER:**

ANZAHL: ① ② ③ ④ ⑤ ⑥ ⑦ ⑧ ⑨ ⑩+

GESANG:

AKTIVITÄT:

BESCHREIBUNG:

MALE EiN BiLD VOM VOGEL:

DIESEN VOGEL HABE ICH HEUTE GESEHEN:

NAME:

FAMILIE:

○ MÄNNCHEN   ○ WEIBCHEN   ○ UNBEKANNT

DATUM: .... UHRZEIT: ....

ORT: ....

JAHRESZEIT: WETTER:

ANZAHL: ① ② ③ ④ ⑤ ⑥ ⑦ ⑧ ⑨ ⑩+

GESANG: ....

AKTIVITÄT:

BESCHREIBUNG:

MALE EIN BILD VOM VOGEL:

DIESEN VOGEL HABE ICH HEUTE GESEHEN:

NAME:

FAMILIE:

○ MÄNNCHEN　　○ WEIBCHEN　　○ UNBEKANNT

DATUM:　　　　　　　　　　**UHRZEIT:**

ORT:

JAHRESZEIT:　　　　　　　　　　**WETTER:**

ANZAHL:　① ② ③ ④ ⑤ ⑥ ⑦ ⑧ ⑨ ⑩+

GESANG:

AKTIVITÄT:

BESCHREIBUNG:

MALE EIN BILD VOM VOGEL:

DIESEN VOGEL HABE ICH HEUTE GESEHEN:

NAME:

FAMILIE:

○ MÄNNCHEN   ○ WEIBCHEN   ○ UNBEKANNT

DATUM: **UHRZEIT:**

ORT:

JAHRESZEIT: **WETTER:**

ANZAHL: ① ② ③ ④ ⑤ ⑥ ⑦ ⑧ ⑨ ⑩+

GESANG:

AKTIVITÄT:

BESCHREIBUNG:

MALE EIN BILD VOM VOGEL:

DIESEN VOGEL HABE ICH HEUTE GESEHEN:

NAME:

FAMILIE:

○ MÄNNCHEN   ○ WEIBCHEN   ○ UNBEKANNT

DATUM: **UHRZEIT:**

ORT:

JAHRESZEIT: **WETTER:**

ANZAHL: ① ② ③ ④ ⑤ ⑥ ⑦ ⑧ ⑨ (10+)

GESANG:

AKTIVITÄT:

BESCHREIBUNG:

MALE EIN BILD VOM VOGEL:

DIESEN VOGEL HABE ICH HEUTE GESEHEN:

NAME:

FAMILIE:

○ MÄNNCHEN   ○ WEIBCHEN   ○ UNBEKANNT

DATUM: UHRZEIT:

ORT:

JAHRESZEIT: WETTER:

ANZAHL: ① ② ③ ④ ⑤ ⑥ ⑦ ⑧ ⑨ ⑩+

GESANG:

AKTIVITÄT:

BESCHREIBUNG:

MALE EIN BILD VOM VOGEL:

DIESEN VOGEL HABE ICH HEUTE GESEHEN:

NAME:

FAMILIE:

○ MÄNNCHEN ○ WEIBCHEN ○ UNBEKANNT

DATUM: **UHRZEIT:**

ORT:

JAHRESZEIT: **WETTER:**

ANZAHL: ① ② ③ ④ ⑤ ⑥ ⑦ ⑧ ⑨ ⑩+

GESANG:

AKTIVITÄT:

BESCHREIBUNG:

MALE EIN BILD VOM VOGEL:

DIESEN VOGEL HABE ICH HEUTE GESEHEN:

NAME:

FAMILIE:

○ MÄNNCHEN　　○ WEIBCHEN　　○ UNBEKANNT

DATUM:　　　　　　　　　　**UHRZEIT:**

ORT:

JAHRESZEIT:　　　　　　　　**WETTER:**

ANZAHL:　(1)　(2)　(3)　(4)　(5)　(6)　(7)　(8)　(9)　(10+)

GESANG:

AKTIVITÄT:

MALE EIN BILD VOM VOGEL:

DIESEN VOGEL HABE ICH HEUTE GESEHEN:

NAME:

FAMILIE:

○ MÄNNCHEN   ○ WEIBCHEN   ○ UNBEKANNT

DATUM: **UHRZEIT:**

ORT:

JAHRESZEIT: **WETTER:**

ANZAHL: (1) (2) (3) (4) (5) (6) (7) (8) (9) (10+)

GESANG:

AKTIVITÄT:

BESCHREIBUNG:

MALE EIN BILD VOM VOGEL:

DIESEN VOGEL HABE ICH HEUTE GESEHEN:

NAME:

FAMILIE:

○ MÄNNCHEN   ○ WEIBCHEN   ○ UNBEKANNT

DATUM: **UHRZEIT:**

ORT:

JAHRESZEIT: **WETTER:**

ANZAHL: ① ② ③ ④ ⑤ ⑥ ⑦ ⑧ ⑨ ⑩+

GESANG:

AKTIVITÄT:

BESCHREIBUNG:

MALE EiN BiLD VOM VOGEL:

DIESEN VOGEL HABE ICH HEUTE GESEHEN:

NAME:

FAMILIE:

○ MÄNNCHEN ○ WEIBCHEN ○ UNBEKANNT

DATUM: **UHRZEIT:**

ORT:

JAHRESZEIT: **WETTER:**

ANZAHL: ① ② ③ ④ ⑤ ⑥ ⑦ ⑧ ⑨ ⑩+

GESANG:

AKTIVITÄT:

BESCHREIBUNG:

MALE EIN BILD VOM VOGEL:

DIESEN VOGEL HABE ICH HEUTE GESEHEN:

NAME:

FAMILIE:

○ MÄNNCHEN   ○ WEIBCHEN   ○ UNBEKANNT

DATUM: UHRZEIT:

ORT:

JAHRESZEIT: WETTER:

ANZAHL: ① ② ③ ④ ⑤ ⑥ ⑦ ⑧ ⑨ ⑩+

GESANG:

AKTIVITÄT:

BESCHREIBUNG:

MALE EIN BILD VOM VOGEL:

DIESEN VOGEL HABE ICH HEUTE GESEHEN:

NAME:

FAMILIE:

○ MÄNNCHEN ○ WEIBCHEN ○ UNBEKANNT

DATUM: **UHRZEIT:**

ORT:

JAHRESZEIT: **WETTER:**

ANZAHL: ① ② ③ ④ ⑤ ⑥ ⑦ ⑧ ⑨ 10+

GESANG:

AKTIVITÄT:

BESCHREIBUNG:

MALE EIN BILD VOM VOGEL:

DIESEN VOGEL HABE ICH HEUTE GESEHEN:

NAME:

FAMILIE:

○ MÄNNCHEN　　○ WEIBCHEN　　○ UNBEKANNT

DATUM: ....　UHRZEIT: ....

ORT: ....

JAHRESZEIT: 　　　　　WETTER:

ANZAHL: ① ② ③ ④ ⑤ ⑥ ⑦ ⑧ ⑨ ⑩+

GESANG: ....

AKTIVITÄT:

MALE EIN BILD VOM VOGEL:

DIESEN VOGEL HABE ICH HEUTE GESEHEN:

NAME:

FAMILIE:

○ MÄNNCHEN   ○ WEIBCHEN   ○ UNBEKANNT

DATUM: **UHRZEIT:**

ORT:

JAHRESZEIT: **WETTER:**

ANZAHL: ① ② ③ ④ ⑤ ⑥ ⑦ ⑧ ⑨ ⑩⁺

GESANG:

AKTIVITÄT:

BESCHREIBUNG:

MALE EIN BILD VOM VOGEL:

Impressum:

Stilstube Kreativwerkstatt Gerald Curk • Waldschmidtstraße 9 • 93051 Regensburg

Fragen, Anregungen, Kritik: info@stilstube.com